La muerte se llama Juan

Primera edición: junio 2024

info@preguntaediciones.com
www.preguntaediciones.com

Diseño de cubierta: equipo editorial
ISBN: 978-84-19766-44-1
Depósito legal: Z-996-2024

Printed in Spain. Impreso en España por Estilo Estugraf Impresores

Joaquín Sánchez Vallés

La muerte se llama Juan

(Romancero)

PREGUNTA

Donde joven y desnuda
la imaginación se quema.
Federico García Lorca

¿Y el viejo romancero
fue el sueño de un juglar junto a tu orilla?
Antonio Machado

Geografía

España limita al norte
con un duro cielo azul.
Con un mar rojo de sangre
España limita al sur.

Sobre los campos de piedra,
bajo los montes de luz,
vientos del este y oeste
barrieron mi juventud.

Por el mapa estremecido
fluye una larga inquietud.
La alta noria de la luna
la acarrea en su arcaduz.

¿Qué busca aquella mujer?

¿Qué busca aquella mujer
por la orilla de la pena,
con una copa en la mano
y un puñal entre las piernas?
Borracha de vino y luto,
recorre la casa entera,
abre los viejos armarios,
las dormidas alacenas,
donde el membrillo enterraba
su dulce fragancia muerta.
En medio de las alcobas
desata su cabellera
y rompe los cabezales
para encender una hoguera
en la que arda sin descanso
el licor de su miseria.

Sobre un esbozo de montes
relumbran luces inquietas.
Voces de metal agitan
la pana de la tormenta
cuando el aire se estremece

bajo las negras estrellas
entre la fría enramada
de castaños y nogueras.

¿Qué busca aquella mujer,
qué dolor que siempre encuentra?
Al callar todos los pájaros,
sale a gritar a la puerta,
con los pechos asomados,
ebria de vino y tristeza:
—Vecinos que os escondéis
tras mirillas indiscretas,
devolvedme mi esperanza,
mi sosiego y mi conciencia,
la paz que nunca he tenido
y el sueño que no me llega.
Una oscura caracola
por mis oídos resuena,
regresa a mi boca un gusto
de ajenjo y ardiente cera,
que un verde alcohol ha prendido
en la noche de mis venas.
Si habéis visto mi amargura,
ponedla en limpia bandeja
y dejadme que me vaya

llorando de puerta en puerta
con las mejillas rajadas
por afiladas tijeras.

Llaves y barras cerraron
su golpe tras la madera
y se apagaron las luces
en un tacto de franela.

Desde los altos balcones
va resbalando a la acera
un aceite de silencio
entre la dura tiniebla.

Orfeo en los infiernos

Antiguas selvas de piedra
donde las huellas se pierden,
donde el viento agobia vastos
campos de torsos yacentes,
donde la rosa de polvo
su helado perfume vierte.
En el umbral entonando
dulce música que extiende
la memoria de la vida
sobre el reino de la nieve,
la voz de Orfeo reclama
su amor perdido por siempre:

—Perseguido por los ojos
de perros fosforescentes,
entre el esputo del sapo
y el silbido de la sierpe,
a bajar hasta estas salas
en donde nadie se atreve,
llego vencido de heridas,
sucio de mi amor reciente.
No te pido oro que guardas

en tu subterráneo albergue,
ni que arrojando las runas
atroz futuro reveles.
Yo solo quiero a mi Eurídice,
inmóvil perpetuamente
en tu sueño, cuando fue
fugaz ninfa de las fuentes.
Yo solo la tuve a ella,
tú siempre todo lo tienes.
Tú me la devolverás,
amable dios de la muerte.

Tres fauces de perro ladran
su caries de negros dientes;
tres veces mueve su mano
con el pálido tridente,
hastiado de ser eterno,
el dios que duerme y no duerme:
—Déjame soñar mi sueño,
frío sueño de relentes,
larga calma en que los dioses
siempre dioses permanecen.
Vuelve, si puedes, con ella,
y sin mirar atrás vuelve;

el que la muerte ha mirado
no ha de mirarla dos veces.

Ya fatigan los amantes
sendas de pirita hirviente,
ya ven la puerta lejana
del pozo que les envuelve.
Pero antes de ver la tierra
llena de angustia terrestre
donde late y se desgarra
la vida que pasa y duele,
Eurídice fugitiva
elige la paz perenne,
blanco muro del olvido,
sombra que rosas disuelve.

Ya estás solo, triste Orfeo,
ya músico para siempre.
La tarde cae sobre el mundo
como una mano muy leve;
la voz del cárabo canta
en las ramas de occidente.

Romance del amor vendido

En las llanuras del mundo
el viento del desvarío
surca desmontes de arena
y apresura enfurecido
una sequía de adelfas,
espartos y tamariscos.
Y en las ciudades del mundo,
en solares escondidos,
el turbio amor que no ama,
hecho de angustia y de frío,
deja mujeres desnudas
con su dolor más antiguo.

—Hombre que vienes y miras
con ojos estremecidos,
no esperes fuego en mi piel,
tensada sobre un abismo
donde la sangre dibuja
el morado de los lirios;
ni quieras beber el agua
de mis labios afligidos;
ni busques entre mi carne

la seda de un suave alivio,
sino un río de puñales
embotados en el filo
que empujan venas arriba
el amanecer del grito.
Ven y túmbame deprisa
como en un sueño intranquilo,
como un silencio se agota,
como se cierra un mordisco,
toma mi cuerpo enterrado
en el hueco de un vacío.
¿Qué sabes tú de mi cuerpo,
de mi nombre o mi camino?
Mi cuerpo ha llegado a ti,
para darse a tu capricho,
por un sendero cercado
de mentiras y exterminios,
desde los años de guerras,
desde las hambres de siglos,
en eternas caravanas
que arrastran muertos y heridos,
en imposibles fronteras
alambradas de estampidos,
en sangrientas madrugadas
sobre el mar color de vino.

Ven y túmbame deprisa,
porque este cuerpo no es mío;
es del relente que muerde
y de la noche que habito,
y se hizo de aguda piedra
en países abolidos
para entregarse a los hombres
en un orgasmo tristísimo.

Albada

De frías que están las cosas
tirita la luz al alba,
sobre una sombra de puentes,
escalofríos del agua.

Un estallido de pájaros
pone al día una garganta
y un grito que se sostiene
entre la nada y la nada.

¡Cómo se quejan los montes!
¡Cómo las nubes fracasan!
¡Cómo va escapando el río
hacia el mar que no se acaba!

Barcos van y barcos vienen
sin rumbo y sin esperanza
con cuatro velas redondas
como la muerte de blancas.

Romance del caminante nocturno

¿Nunca acabará esta noche
donde mis pasos apagan
rumor de sendas perdidas,
lejanas quejas del agua?
¿Qué busco en el monte antiguo?
¿Qué soledad que desgarra
sobre la noche del mundo
la noche oscura del alma?
¿Soy yo quien anda este bosque,
o es este bosque quien anda
avenidas de mis venas,
caminos de mis entrañas?
Grises estrellas no alumbran
mis pasos en la hojarasca.
Su confusa profecía
viento entre los robles canta.
Animales de la sombra
me acechan en la montaña.
¿No ha de acabar esta noche
cuando rompa la luz blanca
y venga por fin la muerte
detrás de la madrugada?

Romance del río Ebro

Verdes riberas de juncos,
algas grises de silencio,
río de tercos meandros
donde se bañó mi cuerpo
bajo soles transparentes
y cielos de azul acero.
A ver discurrir tus aguas
hoy vuelven mis ojos viejos,
vencidos de soledad,
ateridos de recuerdo.
Si te olvidé, no me olvides;
si te busqué, ya te encuentro,
envuelto en anciana espuma,
río Ebro, río Ebro.

El sol se marcha a tus fuentes,
provocando sin remedio
un atardecer de pájaros
y una humareda de almendros.
Una galera de nubes
boga solemne en el cielo
buscando un muelle de torres

a sus fatigados remos.
Por una orilla de olmos
suena la flauta del cierzo
y en el último horizonte
el aire es un rubí negro
que abalanza por las aguas
un chorro de noche y sueño.
Oh noche llena de luces,
ciudad de ausencia y regreso.

Los pasos del tiempo crujen
en la nieve de mis huesos
ahora que vivo en tu orilla,
si es que algo de vida tengo,
río que rueda arrastrando
mi juventud en el viento.
Y cuando nada me quede
más que el agua del recuerdo,
arrastrarás mi ceniza
solitaria, sin lamento,
hacia un mar que siempre canta,
río Ebro, río Ebro.

El caballero y la muerte

A caza va el caballero
por altos montes arriba,
entre el verde de los bojes
y el negro de las encinas.
Con la sed de su caballo
a una fuente se encamina.
Mientras el caballo bebe,
el caballero veía
cómo nadan en silencio
los peces del agua fría.

Caballero, caballero,
qué lejos queda tu vida,
ya están tus ojos cerrados,
ya está tu boca fruncida,
ya se derrama en la tierra
el llanto de las hormigas.
No te mata ballestero
con la ballesta tendida,
ni el insulto de la azcona,
ni el halago de la pica,
ni el estruendo de la espada

en el humo de una herida.
Sino el veneno que bebes
en el aire que respiras
mientras amasan tus manos
arena mojada y fina.

En la plata de la tarde,
cuando las sombras se afilan,
baja un caballo cansado
con una silla vacía.
Cruza ríos, cruza pastos,
cruza aldeas escondidas.
Atravesando las calles,
ávidamente relincha.
Golpes da con las paredes
su cabeza estremecida.
Todos lo miran callados.
Ninguno lo conocía.

Romance de lo que no existe

Ojos que no han de mirar.
Aguas que nunca se vierten.
Las tardes que caen rodando.
Las noches que ruedan siempre.

Alguien cierra las cortinas
tras entornados batientes,
mientras en la lejanía
vientos que fueron noviembre
mecen un temblor de hojas
entre la vida y la muerte.

Cuando aparece la luna,
se alumbra una mano inerte,
fría carne que dibujan
venas de meandros verdes.
La noche pasa despacio,
con un denso olor a leche
derramada en los rincones
cuando la luna aparece.

Nadie se asoma a la herida
de balcones y ajimeces,

sobre una huerta redonda
donde olmos y sauces beben
las raíces de la lluvia
en la oquedad de las fuentes,
donde el naranjo resume
un cielo de soles tenues,
donde el limón y el granado
su pausada danza tejen
en torno de los aljibes,
sobre el sueño de los peces.

El viento de las veletas
sopla lejos y se pierde
entre un paisaje de montes
atribulados de nieve.
En el ámbito cerrado,
donde la nada acontece,
una mano blanda roza
en la seda de las sienes,
mientras la horas caídas
resbalan por las paredes.
Y en el ámbito cerrado
su grave sonido extiende
la piedra del corazón
que late obstinadamente.

Cárcel de amor

El árbol de la alegría,
el pájaro del deseo,
la aurora sobre los montes,
el viento entre los almendros,
el agua fresca de un pozo
resbalando por los dedos:
tanto perdí en la lejana
noche oscura de tu cuerpo.
En la lija de tu carne
se arañaba el sentimiento,
triste paloma perdida
en los páramos del sueño.
Y en la fiebre de tus labios
ardían siempre mis besos,
porque no acabe el amor
mientras no acabe el tormento.

La tierra se hace pequeña
bajo grandes aguaceros,
y una bandera de nubes
ondea su desaliento.
Un ciervo azul agoniza

devorado por los perros,
mientras frío y displicente,
sobre el mármol de los cielos,
un dios anciano y desnudo
lanza los dados del tiempo.

Qué larga cárcel de amor.
Qué oscuro remordimiento.
Ni amarga carne vendida
se pudre desde tan dentro.
Un río de trementina
desaguaba entre tus pechos,
donde mi boca bebía
su propio desasosiego.
Y un sudor de piel cansada,
y un olor de alcohol revuelto,
y una cadena de días
alrededor de mi cuello.
Si una vez pude romperla,
aún queda sangre en mis dedos
y el puñal de tu mirada
que perfora el universo.

Presagio

Ojos cegados de sueño,
manos de tacto inseguro,
brusca sábana que vierte
su desvaído dibujo,
despertó Antonio a la aurora.
¡Qué vacío estaba el mundo!

Por abrir una ventana,
abrió su dolor oculto.
La larga raya del cielo,
malva claro y rojo duro,
hería como una lanza
en su costado más turbio.
El aire helado ponía
un fondo gris de susurros.
El lobo del horizonte
alzó su perfil difuso,
y los pájaros pararon
de golpe su vuelo último.

—Ya siento cantar el gallo
que anunciaba mi futuro,

grito de sal estridente,
sangre apretada en un puño.
Como palabra sin lengua,
como semilla sin surco,
mi mano en mi corazón
se hizo nieve y no halló fruto.

La ventana cerró Antonio.
Un olor a trapo húmedo
se esparcía por el ámbito
entre las cosas sin rumbo.
Y al tender su cuerpo a solas
en el silencio rotundo,
sonó de repente el lecho
como piedra de un sepulcro.

Romance de los malos tiempos

Ya llegan los malos tiempos
del temor: las viejas sombras
se alzan de nuevo en las lindes
podridas de la memoria.
Hombres de caballo antiguo
por los caminos galopan,
los que pisan las cosechas,
los que matan las palomas,
los que cavan en la tierra
los pozos de la zozobra,
con la hiel en las entrañas
y la sonrisa en las bocas.

Llena de piedras y gritos,
la tarde se desmorona.
Noches insomnes golpean
a las puertas de la aurora.
Sobre montes calcinados
y planicies cenagosas,
trazan su pesado vuelo
aves que la sangre agoran.
España rota de heridas

sueña tapias y abre fosas,
mientras ensucia sus dedos
una grasa de pistolas,
mientras se amagan los días
en las guaridas más hondas
y filas de muertos pasan
con su soledad a solas
hasta hundirse en los terribles
imbornales de la historia.

Rosa la de la montaña

Para Héctor Martínez Ferrer, que me lo pidió

Desde los altos neveros
donde el aire se adelgaza
y desde el río que suena
las escamillas del agua,
al caminar a la fuente
y al regresar a la casa,
en el humo del cremallo
y en el olor de la cuadra,
siente una voz en su oído
Rosa la de la montaña:

—Rosa de verdes espinas,
la rosa más deseada,
en la mitad de tus pechos
hay un cauce que me arrastra.
Déjame mirar tu cuerpo
y que busque por tu espalda
mi mano el nudo que aprieta
tu corazón y tu saya.
Revienta sobre mis ojos

la rosa de tus enaguas
y hazme beber en tu boca
el agua que no se apaga.
Mañana te he de buscar
antes que rompa mañana
y mañana he de llevarte
por el camino de Francia.

Las avispas del insomnio
pican a Rosa en la cara.
La flor de la medianoche
por su carne resbalaba.
Soledad que no sosiega.
Deseo que no se calla.

—Si yo me fuera con él,
mi sangre se alborotaba,
una cascada de risas
cayendo por mis entrañas.
Pero el frío que me muerde
detiene la madrugada.
El yermo contra la huerta,
la limosna contra el arca,
la escarcha contra la lumbre,
la piedra contra la cama,

donde el perdura el romero
en las alisadas sábanas.
Ir para nunca volver,
perdida de casa en casa,
atravesando los puentes
enamorada y descalza.
Rosa de verdes espinas,
qué miedo te horada el alma.

Un hombre espera en el río
al filo de madrugada.
El ruido de las espumas
le humedece las abarcas.

Un hombre solo camina
por el camino de Francia.
El sol despierta en la yerba
centelleos de rosada.
Rumor de animales tristes
de los corrales se alza.
Y al ver las primeras luces
la rosa más deseada,
Rosa de verdes espinas
llora desnuda en la cama.

Romance de Catalina

Estaba la Catalina
sentadita en su balcón.
Romancero tradicional

Catalina sí... Catalina y qué...
Rafael de León

Catalina fue a la fuente
a beber agua de amor.
Tanta sed que la llevaba,
tanta sed se la llevó
por una selva de acebos
difuminada de boj.
Álamos grises batían
el abanico del sol.

Catalina amor buscaba
en el trigo de una voz,
manos de oscura caricia,
ojos de claro licor.
Buscaba liviana seda
y áspero cuero encontró;

buscaba el tibio susurro
y un grito la derribó,
golpes en la madrugada,
el insulto y el furor.
Catalina, Catalina,
tus labios el agua heló,
en tu boca ha reventado
una rosa sin olor.

En la fuente Catalina
arrojó su corazón.
Cuatro caballos de plomo
piafan sobre su dolor.
En la mejilla le nace
el lirio de la aflicción,
morado de calentura,
cárdeno de desamor.
Catalina se ha quedado
quieta dentro de un cajón.
La sábana del silencio
su piel rasgada rozó.
Una hora ambigua decían
las agujas del reloj.

Canción 1

En mi calle hay una casa,
en mi casa hay un balcón,
en mi balcón un postigo
por donde me asomo yo.

De tanto mirar la calle,
mi mirada se quebró.
Gentes arriba y abajo
venían en procesión.

Canción II

Ya se van los días, madre,
a la otra orilla del mar,
donde duerme la perfecta
piedra de la soledad.

Las cosas que no he vivido
el cierzo las volará
por un páramo amarillo
al filo del más allá.

Nunca sabré si mi cuerpo
era mentira o verdad:
mi corazón se movía
al acaso y al azar.

Y si aún me queda memoria,
allí me la iré a olvidar,
en una tierra de donde
no regresaré jamás.

Canción III

Viene a llamar a mi puerta
un silencio repentino.
Las horas que están cayendo
van retrasando su ritmo.
Y el corazón se detiene
entre latido y latido.

¿Qué quiere este miedo extraño
que me atrapa de improviso?
El viento blanco del norte
sopla en los campos baldíos
y sacude sobre el mundo
sus brazos entumecidos.

Es el silencio que viene
a arrepentirse conmigo
de las cosas que no hice,
las palabras que no he dicho,
los amores que no tuve,
las vidas que no he vivido.

Romance de un abandono

Qué tarde llegan las cosas.
Cómo al llegar ya no sirven.
Cómo las horas desgranan
su sucesión de imposibles.
Recuerdos que fueron míos
en el tiempo se deslíen,
miran con ojos confusos
un horizonte sin límites
donde bajo el sol de acero
se tiende lo que no existe.

Cuando me vuelvas a ver,
vendrá la noche a dormirse
en la palma de tus manos
como un lago de aguas grises
y cruzarán en silencio
altos pájaros difíciles
por el escombro del aire
hacia desiertos jardines.

En el cielo lleno de astros
y meteoros terribles,

pasan nubes, pasan lluvias,
pasan días infelices,
pasan los ríos que rompen
el estruendo de los diques
y las tormentas que arrastran
un derrumbe de jazmines.

Cuando me vuelvas a ver,
vendrá el frío del eclipse
y encontrará tiritando
el agua de los aljibes.
Mira mi mano perdida
que en la sombra se destiñe
entre el olvido que envuelve
y la amargura que aflige
este universo creado
por un dios antiguo y triste.

Corazón destartalado

Corazón destartalado,
cuánto hace que te perdí,
y aún te siento en mi costado.

Sobre las horas, los días;
sobre los días, los años:
el tiempo sigue en mis dedos
tercamente resbalando
como la lengua de un buey
que lame sal en los campos.
Qué lenta llega la noche
agazapada en mis pasos.
Qué oscuro rumor de fragua
en las hojas de los álamos.
Qué leve olor en el aire
a leña y heno segado.

Ya no existes, corazón,
en este mundo sin pájaros,
no quedan ojos que miren
ni bocas sin desamparo,
ni las lluvias que cayeron

ni las nieves que cuajaron.
Ni yo conservo recuerdos
ni de heridas ni de abrazos,
ni de cuerpos que he querido
ni de casas que he habitado.

¿Y aún te obstinas en batir?

Te perdí hace muchos años;
no quieras volver conmigo,
corazón destartalado.

Romance de los días que vuelven

Por los ríos de mi infancia
susurra un rumor de barro
poniendo blando y moreno
el hombro de los ribazos.
Y mientras la tarde enfila
las callejas del ocaso,
álamos de fuego verde
mecen el cielo morado.

Por los ojos de mi infancia
tibios soles asomaron,
anchas plazas amarillas
atravesadas de carros,
noches inmensas de estrellas
en los inmensos veranos.

En los ojos de mi infancia
otros ojos se posaron,
ojos de un invierno oscuro
que hablan de dolor y espanto,
de odio y sangre derramada
que nunca más se ha limpiado,

de los muertos bajo el polvo
del uno y el otro bando,
de los que exclaman su nombre
con bronce en un muro blanco,
de los que callan ocultos
en los anónimos campos.

En la tierra de mi infancia,
serpeando en los barrancos,
hondos caminos se abrían
directos al desengaño.
En un caserón sombrío,
iglesia, escuela o establo,
gente de gris y de negro,
de rostro desdibujado,
con voz de arenga impartía
órdenes y manotazos.
Y era Dios una amenaza
en una cruz desangrado.
Y una amenaza esa Patria
ronca de tabaco amargo.
Y el miedo andaba en los niños
como un furtivo lagarto,
un miedo pequeño y triste,
de nuestro mismo tamaño.

Y ahora que otra vez los ríos
cantan sobre los guijarros,
e iba a estar limpia de lodo
la patria que nos dejaron,
gente de gris y de negro,
con balas y con rosarios,
viene del final del mundo
sobre un ruido de caballos
abofeteando niños,
echando sal al sembrado
y predicando la muerte
con su amarillo gargajo.

¿Otra vez vuelven los días
de silencio y sobresalto?
¿No va a despertar España
de ese sueño sin descanso?

Un largo río

Por los arenales corre
un largo río de sombra,
arenales que humedece
vaga nostalgia de frondas.
Como un ascua de romero
en la espesura remota
el alba lenta levanta
el humo azul de la aurora.
Todo aquello que viví
en el vacío zozobra:
viejas palabras que he dicho,
viejas penas ya borrosas,
viejos cuerpos que dejé
en solitarias alcobas
como reptiles cansados
que destilan su ponzoña.
Un largo río se lleva
el agua de mi memoria,
un agua que nunca vuelve
a la tierra que abandona.
Cuando mi hueco lo ocupe
aire que no me conozca,

se detendrá la ancha lengua
de un largo río de sombra
sobre este mundo que habita
el desastre de las cosas.

La muerte se llama Juan

La muerte se llama Juan.
Viene mucho por mi barrio.
Con la mirada perdida,
algo triste y algo pálido,
pasea las tardes grises
calle arriba y calle abajo.
No sé si me busca a mí,
no sé qué anda preguntando
con voz de lluvia remota
desangrada entre barrancos.

De la ribera del río
sube la muerte despacio,
se para ante los portales,
cruza plazas y mercados,
saluda a los conocidos
con un gesto de la mano.
El aire se pone frío
como un niño amortajado
mientras la muerte camina
y a su espalda va dejando

un tenue aroma de polvo,
de silencio y de tabaco.

Cuando las sombras se alargan
en el lienzo de los patios,
cuando las nubes encienden
sus ópalos y sus cuarzos,
la muerte aguarda sentada
serenamente en un banco.
Yo adivino su perfil
frente al muro del ocaso.
La muerte se llama Juan.
Hace tiempo que lo trato.

La belle dame sans merci

Un gris plomizo de mar.
Un amarillo de arena.
Tras la huella de tus pasos,
sigo el hueco de tus huellas.
Tu voz se pierde lejana
en caracolas inmensas
que confunden en mi oído
laberintos y sirenas.
En hondas noches te llamo,
digo tu nombre y tus señas,
y en hondas noches responde
el vacío de la tierra.
Te busco sin encontrarte,
te encuentro y no me deseas,
perdido en un espejismo
de muelles donde te alejas
sobre un rumor de navíos
que zarpan con la marea.

De un cielo azul de cobalto
se derraman las estrellas.
La noche llega deprisa

rozándose por las puertas,
como un animal antiguo
cargado de ansia y de pena.
El frío aguarda a la sombra
de una enorme encina negra.
Todo lo traerá el olvido
cuando ese frío me muerda.
Un pozo de tierra blanca
detrás de mi calavera.
Un cielo azul de cobalto.
Un amarillo de arena.

Romance del mal recuerdo

Te conocí entre dos luces
—¡qué pena que te conozca!—,
cuando brotaba del Ebro
una bruma de palomas
y las estrellas gritaban
devoradas por la sombra.
Sobre el calor de tu carne
puse mi mano y mi boca,
y mis labios suplicaron
como quien pide limosna.
Eran tus ojos promesas
de la muerte más hermosa
y tu cuerpo un lago inmenso
de sudor y de ponzoña.

Ahora persigo en las calles
el olvido y la congoja,
el cierzo arrastra en el Coso
el polvo de la memoria
y los meandros del Ebro
llevan al mar en sus olas

la confusa silueta
de una vaga Zaragoza.

Te llamé amor y te abriste
como una rosa redonda
vierte en un cuarto cerrado
su perfume que sofoca.
Años de mala ventura
tuve bebiendo ese aroma,
años de sal en los ojos,
años de hiel en la boca,
largos años destilando
la amargura gota a gota.
Ahora no queda de ti
más que una espesa zozobra,
un sueño que no soñé,
una fábula furiosa.
Se están quedando vacías
las calles de Zaragoza,
donde ya no existes tú
y la vida ya no importa.

La amenaza

Las manos llenas de ruido,
los ojos llenos de llamas,
desde la escoria del tiempo,
cuando la muerte cantaba,
llegan levantando heridas
y derrocando esperanzas.
Con gesto duro se acercan,
con el índice amenazan
un futuro de silencio
sobre plazas despobladas.
En las tardes amarillas,
en las grises madrugadas,
surgen del lodo del mundo,
cubren la historia de zarzas
y siembran de plomo rancio
los arrabales del alma.
Para el perdón muy pequeños,
muy fuertes para la bala,
muy audaces para el óxido
del filo de las navajas,
aliento traen en la boca
a ronquera y a mordaza.

Vienen del anochecer
y con su venida emplazan
el frágil cristal del miedo
y el agrio olor de la náusea.
Regresa el cuervo a los bosques,
pliega en los robles sus alas
y duerme un inquieto sueño
de despojos y batallas
que evoca la larga noche
cuando no rompía el alba,
cuando un grito de fusiles
resonaba en las quebradas,
cuando el agobio era el huésped
de las gentes y las casas,
cuando la luna moría,
cuando la muerte cantaba.

Vieja luna

Relumbra la vieja luna
en la hojalata del cielo
bajo un harapo de nubes
tendido a secar al viento.
El ruido gris de los grillos
resbala por los oteros
y baja a beber el agua
de un arroyo soñoliento.
Vieja luna que conoces
el dolor de mi secreto,
el mal de mi corazón,
la amargura de mi sueño,
vieja luna que asomaste
en mi amanecer primero
como una niña descalza
desvalida sin remedio,
bien sabes tú, vieja luna,
dónde voy y dónde vengo.

La luna moja su quilla
entre los astros pequeños
y los mares de la noche

surca como un barco ebrio.
La tierra se hace borrosa;
las horas se van hundiendo
en un pozo sin orillas
en donde se ahoga el tiempo.
Luna vieja entre la bruma,
desde siempre te recuerdo
como una ceniza fría
por mi balcón entreabierto.
Nunca prometiste nada
y nada de ti ahora tengo.
Adiós, luna que te adentras
en los oscuros senderos,
guarda tu luz para otro
corazón menos desierto.

No te mires al espejo

Ya trepa la luz primera
por las paredes del alba,
al ronco clarín del gallo
que sobre el campo derrama
restos de rotas estrellas
y agujas de dura escarcha.
Y mientras el gallo pinta
púrpuras de la mañana,
pisa Antonio el frío suelo
de baldosas agrietadas
y oye sonar en su oído
la voz oscura del alma:

—No te mires al espejo,
que no conoce tu cara:
ese que ves reflejado
es el muerto que te aguarda.
Las arrugas que le cuentas
son surcos de una besana
que abren antiguos arados
y siegan viejas guadañas.
Los ojos, dos piedras ciegas

de oligisto u obsidiana.
La boca, una madriguera
de comadrejas y martas.

—Yo no me miro al espejo.
Miro por una ventana
cómo se forma despacio
la lluvia gris que no aclara.
Un pájaro de amargura
canta desnudo en las ramas
y va diciendo mi nombre
que ha de olvidarse mañana.

Árido de desaliento,
Antonio bajó a la playa,
donde la sombra del día
era sombra de su alma.
Larga fatiga de barcos
a los muelles arribaba,
un estruendo de sirenas,
un tenso dolor de jarcias.
Ya llegan grúas pisando
charcos de crudo y de nafta
a descargar las bodegas
donde se estiba la nada.

No quiero tener *saudade*

De las cosas que perdí
no quiero tener *saudade*
para no pensar en ti.

Ni las tardes del verano,
ni el aire caliente y gris,
ni el agua mansa en la acequia
entre la cal y el verdín,
ni las sábanas que aroman
el membrillo y el anís
donde tu cuerpo tendido,
desnudo como un jazmín,
se abría morosamente
abrazando mi perfil.

Todo se lo lleva el viento
hasta un confuso confín.
Todo escapa en la marea
con su lento ir y venir.
Las sendas de la memoria
se pierden en un jardín
donde se oculta la noche.

De las cosas que viví
no quiero tener *saudade*
para no saber de mí.

Agradecimientos

Yo te agradezco, Abenámar,
aquesta tu cortesía.

Índice

Este libro se terminó de imprimir
el 5 de junio de 2024,
ciento veintiséis años después
del nacimiento del poeta
Federico García Lorca.

Títulos publicados

PREGUNTA
ediciones

Relatos

Las pérdidas rojas. Chusa Garcés
Cuentos detrás de la puerta. Begoña Abad
Amor, blanco roto. Chusa Garcés
Letras de tinta. Lourdes Aso Torralba
Baños de Panticosa. Premios Literarios. Varios autores
Sobreexposición. Laura Bordonaba Plou
Desde el otro lado. Prosas concisas. Fernando Aínsa
Buscando los orígenes de aquello. Irene Achón, María Jesús Artigas, Alberto Delmalo, Ana García, Coral González, Anabel Hernández, Aitana Muñoz, María José Pardo, Eva Pardos, Elisa Pérez, Manuel Pinos, Pilar Royo
Brioleta. Encuentro de escritoras aragonesas. Lourdes Aso Torralba, María Pilar Benítez Marco, Elena Gusano Galindo, Chusa Garcés, Blanca Langa Hernández, Angélica Morales, Marta Navarro, Almudena Vidorreta
Los soñadores. Roberto Malo
Bilbilitanos en la historia. Ricardo Ramos Rodríguez
El dolor del cristal. Sergio Royo
Polar. Laura Bordonaba Plou
La prueba final y otras historias cortas. Ganadores del Certamen de Cuentos y Relatos Breves Junto al Fogaril
Viviendo en tiempo brutal. Sergio Royo
Contemplación. Franz Kafka
Zaragoza turbia. José María Tamparillas
Sabor metálico. Eva Pardos Viartola
Cuentos esféricos. Chema González
Canciones tristes que te alegran el día. Miguel Mena
Todo es agua. Begoña Fidalgo
Mar de lejos. Manuel Pinos
Y de repente esta lluvia. Sergio Royo
De bares y mujeres. Marta Armingol, Olga Asensio, Laura Bordonaba Plou, Clara Castán Ibarz, Begoña Fidalgo, Paula Figols, Chusa Garcés, Magdalena Lasala, Elvira Lozano, Rosa Martínez, Angélica Morales, Eva Pardos Viartola, Clara S. Mendívil, Laura Serrano
Diáspora. Isabel Gutiérrez Cía
Relatos de La Flama. María Jesús Artigas, Emilia Bayod, Marta Gascón, Clara Járboles, Merche Llop Alfonso, Abraham José Mendoza Diloy, Eva Pardos Viartola, Alfredo Pérez, Elisa Pérez Ibarra, Manuel Pinos, María José Sanjuán, Wenceslao Varona López, Gloria Verdoy
Un martes cualquiera. Laura Latorre Molins
Con voz y voto. Pioneras americanas del relato social y la ciencia ficción y tres piezas del teatro sufragista británico. Edición de Isabel Alquézar y Berta Lázaro
Todos los crímenes del mundo. Sergio Royo

Novela

El último concierto de David Salas. Roberto Malo
Crónica de un deseo. Antonio Ventura

Verde mar del norte. Clara Castán Ibarz
La brújula del universo. Mario de los Santos
El eco entre la bruma. Ricardo Ramos Rodríguez
Las sombras del Imperio. Ricardo Ramos Rodríguez
La movida que te salvó. Mariano Pinós
Merecer la vida. Laura Serrano
Cariñena. Antón Castro
Los días blancos. Marta Armingol
Declive. Fernando Rivarés
Canciones ligeras. Miguel Mena
Hannibaal. Miguel Carcasona
Inventario de monos. Galgo Cabanas (Mario de los Santos y Óscar Sipán)
De viento y sal. Clara S. Mendívil.
Jimena. Magdalena Lasala
Catorce. Paula Figols
El silencio y su canción. Ángel Gracia
Marta. Víctor Juan
La nota muerta. Rosa Martínez
Para cenar, aire. Pedro Bosqued
Las batallas perdidas. Jaime Tomás
La fugitiva. Clara Járboles
Alcohol de quemar. Miguel Mena
La casa de los dioses de alabastro. Magdalena Lasala
Tristán. La ética del monstruo. Javier Romero Collazos
Puente de Hierro. Miguel Mena
Máscara. Ricardo Ramos Rodríguez
Leopardos en el diván. Gonzalo Fontana Elboj
Lucífugo. José María Tamparillas
Bendita calamidad. Miguel Mena
La estirpe de la mariposa. Magdalena Lasala
El colapso de la colmena. Julia Jiménez Carrera
Los Hijos de Hura. Abdelrahim Kamal
Dinero caído del cielo. Reyes Salvador
No podría estar más contenta. Marisol Aznar y María Frisa
Leitmotiv. Sergio Sarsa
Profanación. Ramón Acín
Onda Media. Miguel Mena
Proyecto Sada. Javier Gastón
La vista atrás. Laura Serrano
Pájaros azules en Roma. Miguel Ángel Nievas

Poesía

Litiasis. Manuel M. Forega
Todas las religiones son una / No hay religión natural. William Blake
Estoy poeta (o diferentes maneras de estar sobre la Tierra). Begoña Abad
AntiaéreA. Encuentro poético en Zaragoza. Carmen Camacho, Alicia García Núñez, Marta Navarro, Chus Pato, Inés Povar, Miriam Reyes, Sandra Santana, Hermanas del Hambre (Elisa Berna y Charo de la Varga)
Todo estalla dicho. Elvira Lozano
La experiencia de la poesía. Ángel Guinda

AntiaéreA II. Poesía encontrada en Zaragoza. Ajo, Eva Antón Bravo, Zhivka Baltadzhieva, Isabel Bono, Javier Corcobado, Cristina Járboles, Laia López Manrique, David Mayor, Carmen Ruiz Fleta
Diez años de sol y edad (Antología 2006-2016). Begoña Abad
Alud. Javier Fajarnés Durán
Los países de piedra. Pablo Javier Pérez López
Existe algún lugar en donde nadie. Juan Pablo Roa
Te mataré mientras vivas (Coronación supersónica). Raúl Herrero
La ciudad y el cuchillo. Javier Fajarnés Durán
Vidrieras. Laurent Tailhade
El tiempo de las alambradas. Antología poética. Antonio Orihuela
Esta vida verde. Antología poética. Lyn Coffin
Las palabras son nocivas. Antología poética. Amador Palacios
Las locuras ya no son locuras. Antología poética. Ferruccio Brugnaro
El techo de los árboles. Begoña Abad
Satirologio. Epigramas del siglo XXI. José Verón Gormaz
Caballo de mina. Gerardo Vacana
Big Bang. José Luis Esteban
Los signos en el agua. Noventa y nueve poemas. Joaquín Sánchez Vallés
Avanza el olvido. Javier Ramón Jarne
Fábrica de la seda. Miguel Ángel Curiel
Casa junto al arrecife. Enrique Ariño Gil
Trivium. Marcos Castillo Monsegur
El lenguaje de las ballenas. Begoña Abad
El libro de horas. Rainer Maria Rilke
Gran Guiñol. Miguel Ángel Ortiz Albero
Cantares y presagios. José Verón Gormaz
Marcha por el desierto. Sandra Santana
Una guitarra de contrabando. Gerardo Vacana
Diccionario de garzas y de mirlos. Pablo Javier Pérez López
Piedra y tijeras. Nacho Tajahuerce
#MedeaHaVuelto. Angélica Morales
Madres. Begoña Abad
Todas las moradas de mi aliento. Jacques Meylan
Razón de espera. Rafael Lobarte Fontecha
Poesía. Guido Cavalcanti
Tránsito. María Pilar Martínez Barca
Viejo. Sergio Gómez
Barro. Miguel Ángel Curiel
Historia del mundo antiguo. Joaquín Sánchez Vallés
Este día, este momento. Juan Pablo Roa
El miedo del doble a la soledad. Rosa Martínez
Un vuelo sin la mecánica adecuada. Pecker
Brioleta volumen 2. Poesía aragonesa en femenino. Carmen Aliaga, María Pilar Benítez Marco, Mar Blanco, Marta Domínguez Alonso, María Dubón, Ana Giménez Betrán, Reyes Guillén, Blanca Langa Hernández, Angélica Morales, Trinidad Ruiz Marcellán, Helena Santolaya y Carlota Urgel
Entre el huerto y el corral y otros versos. Gerardo Vacana

Cantar cuarenta. Cancionero completo 1983-2023. Gabriel Sopeña
Sálvida. Sofía Díaz Gotor
La fuerza de la tierra. Paula Martínez
Ahab. Antología poética. Carlos Ramos
Enseres del invierno. Miguel Carcasona
A la izquierda del padre. Begoña Abad
La muerte se llama Juan. Joaquín Sánchez Vallés

Libro ilustrado

El dibujante de relatos. Antón Castro y Juan Tudela
La península de Cilemaga. Helena Santolaya
Marcianos. Sergio Algora y Óscar Sanmartín
La odisea de Fortunato. Pere Inglés y David Girón

No ficción

Reconstrucción. Miguel Ángel Ortiz Albero
Sahara Occidental. Cuarenta años construyendo resistencia. Varios autores
Residencia y tránsito de las letras en Aragón. Fernando Aínsa
Diario de campo de un psicólogo en un club de fútbol. Luis Cantarero
Marcelino. Muerte y vida de un payaso. Víctor Casanova Abós
Aragón en el sistema solar. Carlos Garcés Manau
Los poetas malditos. Paul Verlaine
Poetas y poéticas. Ensayos. Amador Palacios
Del espejismo de la revolución a la venganza de la victoria. Guerra y posguerra en Barbastro y el Somontano (1936-1945). José María Azpíroz Pascual
Nerín. Memorias compartidas. Varios autores. Edición de Rafael Latre
Sahara Occidental. Del abandono colonial a la construcción de un estado. Varios autores
El hombre elefante. Frederick Treves
Pasaron por aquí. Antón Castro
Nacer para aprender, volar para vivir. Un acercamiento a la poesía de Begoña Abad. José María García Linares.
¡Cállate, papá! Padres y violencias en el fútbol industrial. Luis Cantarero
Metodologías activas en el aula. Innovación educativa para fomentar el aprendizaje Significativo del alumnado. Pablo Usán Supervía y Carlos Salavera Bordás (coords.)
Gamificación educativa. Innovación en el aula para potenciar el proceso de enseñanza-aprendizaje.Pablo Usán Supervía y Carlos Salavera Bordás (coords.)
El viaje exterior. Ensayos censores IV. Manuel Martínez-Forega
Teruel. Otra dimensión. Juan Villalba Sebastián
Opiniones de mujeres. María Domínguez
La guerra de los robots. Cómo la tecnología está cambiando los conflictos armados. Francisco Rubio Damián
La escritura por venir. Ensayos sobre arte y literatura en los siglos XX y XXI. Sandra Santana
La vida al alcance de la mano. La discapacidad a través de mi historia. Álex Sánchez
El viaje exterior. Ensayos censores V. Manuel Martínez-Forega
El camino de la serpiente. Escritos ocultistas. Fernando Pessoa
La jota, aragonesa y cosmopolita. De San Petersburgo a Nueva York. Marta Vela
El bazar infinito. Rutas y mares entre Oriente y Occidente. Alberto Cebrián
Ríos que mueren sin mar. Viaje por las culturas de Asia central. Enrique Ariño Gil

Humanizar el fútbol. Deporte y transformación social. Julio Salinas y Luis Cantarero (coords.)
Tú eres antes que todo. Correspondencia de Ramón Acín y Conchita Monrás. Víctor Juan
Adolescentes del siglo XXI. Técnicas de liderazgo parental. Marisa Felipe
Aurora y la celiaquía. Laura Marín
Zaragoza. Historias de ida y vuelta. Miguel Mena
Aragón. Formas de ser. Miguel Mena
Viaje al mar. Diario de un nabatero. Kike Fernández
Un violinista en el Titanic. Tribulaciones de un heterodoxo. Ángel Garcés Sanagustín
Diario del último año. Florbela Espanca
Juan de Velasco, primer maestre de campo de la Ciudadela de Jaca. Marcos Mayorga
Creatividad de andar por clase. Asunción Porta
Albarracín. Un viaje en el tiempo. Juan Villalba Sebastián
Diálogos en cautividad. Antón Castro
Deambulatorio. Miguel Ángel Ortiz Albero
Mauricio Aznar y Almagato. La historia. Jaime González
Máquinas que cuentan historias. La inteligencia artificial y la literatura del futuro. Varios autores
Cincuenta estaciones europeas. Catedrales de la modernidad. Alfonso Marco
La jota, aragonesa y liberal. Zaragoza, Madrid y París. Marta Vela

Infantil

La Dama, el Duende y el Rey. Tres leyendas aragonesas. Roberto Malo, José María Tamparillas, Daniel Tejero y David Guirao
Moflete, el elegante. Agustín Porras y Arturo García Blanco
La ardilla poeta y el futuro del planeta. Pilimar Aguilar y Xcar Malavida
Moflete ya sabe contar. Agustín Porras y Arturo García Blanco
Agentes del futuro. María Frisa y Xcar Malavida
Minicó dice no. Nerea Mur
El príncipe que cruzó allende los mares. Roberto Malo, Francisco Javier Mateos y David Guirao
De tu abrazo a las estrellas. Victoria Alcalde y Ruth Alarcón
Mocoloco y Flemalarga. Nines Barcelona y Nerea Mur
San Jorge y el dragón. Daniel Nesquens y David Guirao
Antes de las nueve. Pablo Ferrer, Paula Figols, Marina Santos, Christian Peribáñez y Zaira Andrés
Erny, el monstruo de la Laguna Negra. María Álvarez e Irene Campos
Lex, el Tiranosaurio Rex. Roberto Malo, Daniel Tejero y Blanca Bk
La ardilla poeta y su libro de recetas. Pilimar Aguilar y Xcar Malavida
Un viernes soleado. Pepe Serrano y Raquel Samitier
Mika, el niño fantasma. Daniel Tejero y Bernal